그래도 아직 내게는

그래도 아직 내게는

김현식 제3시집

새미

국립중앙도서관 출판시도서목록(CIP)

그래도 아직 내게는 : 김현식 제3시집 / 김현식 지음.
-- 서울 : 새미, 2003 p. ; cm

ISBN 89-562-8068-1 03600 : \6000

811.6-KDC4
895.715-DDC21 CIP2003000793

|머리말|

월드컵의 회오리가 휘몰아치던 감격의 2002년도는 희망과 가능성을 보여준 한 해였습니다. 도저히 가만히 앉아 있을 수가 없어서 거리로 뛰쳐나갔던 그 감격의 순간을 잊을 수가 없습니다. 그 순간 순간을 내 조그마한 사진첩에 담아 두고자 합니다. 그 감격의 일부라도 간직하고자 하는 마음에서입니다. 그리고 지금은 거의 찾아볼 수 없는 자연의 뒤안길, 그에 대한 그리움과 안타까움도 그려 보았습니다. 차마 버리지 못하고 한 구석에 오랫 동안 처박아 놓은 골동품처럼 말입니다. 단순히 추억으로만 돌리기에는 너무 안타까운 것들…, 시간을 되돌릴 수 있다면 다시 보고 싶은 것들입니다. 그리고는 여러 상념들…, 한 컷 한 컷 정지화면으로 찍혀지는 오래된 흑백사진 같은 것들, 항상 보고 싶은 이들을 그리워하는 사진첩으로 남고 싶습니다.

2003년 6월

김 현 식

| 차 례 |

코요테

하루 종일 찌푸려 있는 날씨만큼이나
내 마음도 찌푸려 있다

금방이라도 터질 듯
팽팽하게 부풀어 있는
짜증스러움

하지만
누르고 억누르고 또 누르고
악이라도 쓰고 싶지만
그냥 웃자고 한다

웃는 것이 좋은 거라고
그래, 그게 약이다
일소일소 일노일로 (一笑一少 一怒一老)
인생살이 새옹지마

그래도

마음은 따끔따끔 아파오고

속으로는

허공을 향해 길게 울부짖는

코요테가 된다.

여 행

창문을 내다보면
푸른 하늘을 업고 서있는
거대한 여객선 하나

하얀 기둥연기 계속 뿜어대고
그 밑에는
갖가지 모양의 크고작은 조각배들
옹기종기 모여들어
일렁이고 있다

그 뒤로 머얼리
이름모르는 산 길게 누워 있고
엷은 안개 살포시 걸렸으나
몇 시간이 지나도
그 여객선 꼼짝도 하지 않고
그 산도 전혀 가까이 오지 않는다

푸른 하늘

푸르름만 더해가고
또다시 스쳐가는 상념하나

여행은 방황이다

하지만
이것마저 없다면
소리 없이 녹아 없어지고 마는
눈사람과 같은것.

어느 틈엔가
잿빛 연기를 뿜어대는
커다란 굴뚝을 가진
거대한 특급호텔 하나
언덕위에 떡하니 버티고 서있다.

생명 현상

인생은
정처 없는 항해

잠깐 스쳐 지나가는 곳에서의
부대낌

이러한 부대낌들
세월타고 흐르지만

그것은
삶이 있기에
살아있기 때문에
생명현상이기 때문이다.

2001. 12.

숭고한 만남

그래요
이대로가 좋아요
이대로 자주 만납시다
돈 못 버는대로
자식농사 못짓는대로
아픈 그대로
이대로
있는 그대로 자주 만납시다
세월은 냉정하고
인생은 한없는 아픔이려니
그래서
우리의 만남과 위안이
숭고하지 않겠습니까.

영 안 실

죽은 자와 산 자
산 사람과 죽은 사람이
소리 없이 대화하며
자연스럽게 공존하는 곳

죽은 사람일랑
슬그머니 한쪽으로 밀어놓고
산 사람들이 서로의 안녕을
확인하는 곳

거기에서도 삶은
현재진행형이었다.

중년의 애비에미들

요사이 그리운 사람들의
편지나 메일을 받으면
그윽한 기쁨이
가느다란 떨림음으로 감싸오고
새벽풀잎에 이슬방울 맺히듯
감격의 눈물이
눈앞에 망울망울 거린다.

전자게임과도 같은
혼란스러운 세상의 미로에서
탈출구를 찾아 애태우고
때로는
애잔하게 흐르는 아쉬움을 다독이며
갖가지 형태의 삶을 보듬고 살아가는
중년의 애비에미들

젊은 날의 정열과 그리움들 모두
먼 세월 속에 묻어두고

노스탤지어의 꿈을 향해
애처롭게 손짓하는
이 시대의 식상한 에미애비들

우리는 또 다시
숨은 정열과 그리움을
찾아내기 위하여
각고의 짐을 꾸려야 하리라.

2002. 1.

반가운 손님

어제는
남한산성 그윽한 골짜기
살포시 눈이 덮힌
고즈넉한 풍경을
머리에 찍어놓고 돌아왔습니다.
그것은 바로
희끗 희끗한
우리들의 모습이었습니다

그런데 오늘은
함박눈이 펑펑 쏟아집니다
근래에 들어 가장 큰
눈발이라고 생각됩니다
오래간만에 경이로운 광경이
펼쳐지고 있습니다
가끔은 이러한 경이로움도
설레임의 문을 두드리는
반가운 손님인 듯 싶습니다.

2002. 1.

귀 성

전남 장흥군 유치면 지천리
탐진강 댐이 건설됨에 따라
모두 고향을 떠나야 한단다
그 곳이 수몰지역이기 때문이란다

이북이 고향인 사람은
당장은 못가도
고향이라도 있지만
자기들은 아예
고향이 없어져버린다고
애통해 한다

삶의 터전이고
노여움과 서러움을 묻어둘
유일한 희망이 곧 사라진단다

고향을 맴돌고 가는
나도 그들의 슬픔에

한동아리가 되어
울었다

오늘도 이 땅의 연어들은
고향으로 고향으로
희망의 여로에 올랐다
그리움을 향해 떠났다.

우리 식구들

늦은 오후
쭈욱 뻗은
서해안 고속도로
아마 여기가 김제 평야일 듯 싶은데
우리 부부를 태운
자동차 하나 외롭게 달린다

돌연,
하늘에 새까만 벌레떼
몰려오고
가까이 가까이 날아와
새떼로 변했다

아, 우리 식구들 돌아오는구나.

보릿국

설을 앞두고
나주 매일 시장에 들렀다
시골의 맛과 정성이 담긴
떡과 과자를 사고
유독 남도의 풍취를 독특한 맛으로
대변해 주는
보릿국을 맛보기 위하여
보리를 샀다
단 돈 천원에 한 아름 담아주시는
할머니의 후덕스러움에
불현듯 삶의 의미가 클로스업 되어 왔고
할머니의 투박한 손에 깃든
정스러움과 풍요로움에
감격의 울먹임이
마음의 작은 북을 두들겼다.

미지의 여인

산수유 노란 꽃에
화사한 이른 봄의 따사함이
고개를 내밀고
아직은 움츠리게 하는
꽃샘추위를
살그머니 건드려본다.

미지의 여인과도 같은
노란 봄날은
미지의 향기를 톡톡 터트리는
미지의 세계를 이야기하고
종종 싸아한 바람결은
승무를 연출한다.

화사한 봄 빛
그대는 아직도
미지의 여인
수줍은 그리움.

이른 봄의 마음

그리움에 떠는
산수유가
성급한 마음에
꽃 먼저 내민다

화사한 봄날에
외로움만 피어나고
산수유 노란꽃에서는
그리움이 묻어난다

나는 아직도
산수유 꿈 속에서 떠는
이른 봄의
마음,
봄이 왔다고
봄이 왔다고
소리 없이 외치는
화사한 봄빛에도

아직도 이파리 하나
내기를 꺼려하는.

화사한 봄에
그리움을 묻고
산수유 노란 꽃으로
마음을 건네고선
오늘도 여느 때와 똑같은
길을 간다.

물 흐르는 대로

혼자만의 아름다움으로
다소곳이 피어있는
길섶의 풀꽃처럼

아무도 모르게
살그머니 토해내는
아름다운 향기

여보게
억지춘향 부리지 말게나
아름다움은
스스로 피어나는 것
물 흐르는 대로
삶세,
자신에 충실하세,
억지는 이미
비뚜러짐이려니.

금 메 달

금메달을 타는 순간
금메달리스트임을 거부하라

일인자가 되는 순간
일인자임을 거부하라

노벨상을 타는 순간
노벨상을 거부하라

시인이 되는 순간
시인임을 거부하라

그 순간부터는
때가 타기 쉬워짐이라.

유 혹

매일 어디론가
누군가에 소식을 전하고 싶다
아주 짤막한 인사말이라도

비록 답장 없고
대답 없는 부침일지라도.

고독의 자유를 갈망하면서도
얽매임의 감미로움을 그리워하는
이 모순

아,
이른 봄의 유혹.

도봉산의 봄

아직도 한겨울의 외로움을
떨쳐버리지 못한 산자락을
리드미컬하게 어루만지는
아직은 톡 쏘는 한기를 머금은
싱그러운 봄바람을
느껴 보셨습니까

여기저기 생명의 태동이
별 빛처럼 터지고 있는
연둣빛 봉오리를
보셨습니까

촉촉한 봄비 뒤의 계곡을
발랄하게 흘러가는 물줄기와
투명한 물 웅덩이들을
눈 여겨 보셨습니까

운해 속에서 가끔은

이처럼 드러내지 않는 미학을
설파하기도 하는
신비로운 자연의 모습을
음미해 보셨습니까

어느덧
고즈넉한 산사로
스며드는
봄 터지는 소리
봄 열리는 소리

길

빈 마음을 둘러메고
터벅 터벅 걸어간다
항상 그 길이지만
황사에 가린 것처럼
뚜렷하게 드러나지 않는
똑 같은 길을
오늘도 걸어간다

그저 시간을 동무삼아
그냥 지나치는 것이라면
이제는 뭔가
보일 때도 되었으련만……

변화 없는
지루한 길을
오늘도 걸어간다.

정체(停滯)

텅 빈 마음을 둘러메고
어디론가 가고저,
하지만 방향을 잡지 못한다

물위에 떨어진
한 방울의 잉크처럼
갈 길 알 수 없으니
이는 필시 다른 차원의 세계를
향하는 것이려니

남쪽,
무등으로 향한 잔가지만
무성하게 자라난
초라한 나무에 기대어
선뜻 움직일 줄 모른다.

그래도 아직 내게는

친구의 메일을 받고
반갑고 기뻐서
읽고 또 읽는다

가슴 뭉클한
어릴 적 추억들이
사진첩처럼 다가오고

그것은 노곤한
한 하루의 틈새에서
솟아나오는
맑은 샘물이 된다.

질기고 투박하던
검정 타이어 고무신을 신고 돌아 다니던
순진한 시절로 돌아가
행복했던 순간을 비집고 돌아다니다
뭉클한 전율이 흐르는

벅찬 감격에 부닥뜨린다
– 그래도 아직 내게는
꿈이 있단다 –

바로 이 한마디,
아, 늙지 않는, 바래지 않는
이 바보 같은 아름다움이여
순수함이여.

2002. 5. 3.

월요일

월요일 출근하는 길은
꿈길을 빠져나가는 길이다

사람 속을
자동차의 물결을
헤치며
꿈을 떨치면서 간다

거대한 현실에
짓눌린 거리를
비집고 가다보면
어느 덧
꿈길의 그림자들
하나 둘 자취를 감추고

창백한 건물이
떡하니 버티고 서 있는
일상에

무기력하게 빨려 들어간다.

무명 가수

무명 가수로
나이 오십줄에 들어선
나의 오랜 친구는
지금도
가수의 꿈을 키우던
소시적 천진함을 노래하며
무명의 가치를 지키고 있다.

무명 가수이기 때문에
더욱 깨끗한
그 시절 초심자의 마음을
아직도 유지하고 있다.

스스로 가치 있고
스스로 아름다운
들꽃처럼.

결혼 행진곡

피아노 연습도중
악보를 넘기다가
우연히
바그너의 결혼행진곡이
눈에 띄어
무심코 쳐보는데
갑자기
눈물이 그렁그렁 해지고
흐느낌이 복받쳐 올라
못내 당황스러워졌다.

결혼 행진곡을
전에도 가끔 치곤 하였지만
이런 감정의 용솟음은
처음이었다.

단지,
결혼이야기가 오가고 있는

딸 때문이었을까.

2002. 5. 19.

초파일

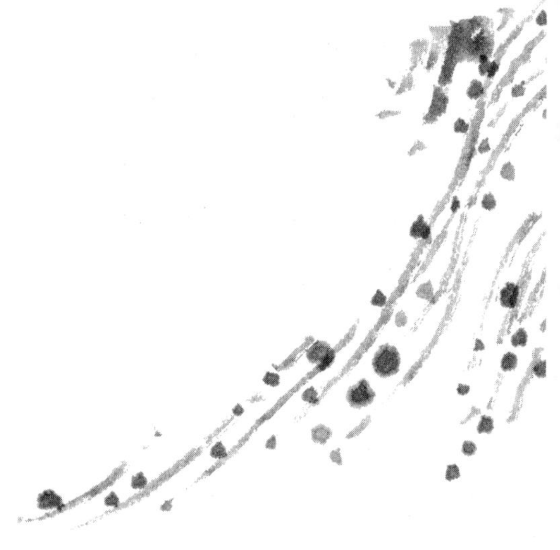

취 미

취미가 뭐예요
하고
묻는 말에
나는 잠시
머뭇거리며 생각한다.

진정한 취미는
정성이 깃드는 것.

그렇다면 나의 취미는
무엇일까
사라지고 있는 것도 있고
새롭게 자라나고 있는 것도
있다.

좋아하는 것은
많은데
모두 다 취미라고

할 수는

없을 터....

도자기

사람의 마음을
닦는 일은
도자기를 만드는 일과
같아
이 쪽을 다듬으면
저 쪽이 튀어나오고
저 쪽을 다듬으면
이 쪽이 튀어나온다.

명도예가의 손에 의해
부숴지는 무수한 도자기들,
아까워라 저 좋은 도자기들
나에게는 모두
훌륭한 작품으로 보이는데

완전을 향한 끊임없는 노력
나는 부끄럽다
완전함의 존재에 대하여는,

그러나 분명한 것은
완전함으로의 도전과 과정은
항상
존재하고 있다는
사실이다.

스타디움

그리움을 깨물어
깨물어
시린 가슴으로
동이 나버린
허허로운 스타디움

시린 그리움을
끝내 태워버린
태워버린
꺼지지 않는 불꽃

이제는 무엇을 태워
불꽃으로 남으려나

이제는 스스로를
태우며 사위어가는
조금남은 촛불 심지처럼
그윽한

영원의 스타디움에

꿈의 볼을

힘차게 날리고 싶다

2002. 7.

인 연

인연을 맺는다는 것은
복잡한 실타래를 얻는 것이다

대학 다니는 딸아이가
아르바이트로
중학생을 가르치고 있는데
거리가 멀어 가끔
짜증을 냈다.
그래서 제 엄마가 그만두라고 하여
마지막 수업을 마치고
고별인사를 하는데
그 학생 엄마가 우시더란다
갑자기 당황스러워진 딸이
어찌할 줄 몰라
집으로 전화를 했다

그런거란다
인연이란 것은,

인연을 맺는다는 것은
그렇게 간단한 것이 아니란다
하물며
스쳐지나가는 것도 아닌
그 이상의 인연을 맺었음에야.

인연을 맺는다는 것은
복잡한 실타래의 한 끝을
붙잡는 것이다

나는 '붉은 악마' 였다

조용히 물결치다
때로는
화들짝 들이닥치는
파도처럼

월드컵의 감격은
아직도
그 춤사위를 이어가고 있다.

대~한 민국
짝 짜악 짝 짜악 짜악
1966년의 영광이여 또 다시,
아시아의 자존심
코리아여,
아!
꿈은 이루어질지니

나는 '붉은 악마' 였다.

2002. 8. 1.

난 타

뚫렸는가 봐
하늘이,

쉴 새 없이 퍼부어대는
한 여름 폭우에

흥건히 젖은 준령 소백산
깊은 골짜기.

휘감고
비틀고
솟구치고
곤두박질치고
거세게 몰아치는
황톳빛 용트림이
구석구석을 두들기고
패대기치며
굉음을 토해낸다.

난타

지칠줄 모르는 신들림

꿈 속까지도 파고 들어오는

난타

난타

한 여름밤에

잠은 설쳤어도

자연의 소리에는

숙연해질 따름.

2002. 8.

붉은 악마

양재천 수양버들 밑을 지나는데
자지러지는 매미 울음소리에
지난 유월의 함성소리를 듣는 듯하여
멈칫 나무를 올려다 보니
매미 군단이 진을 치고 있었다.

포르티시모로 외쳐대는
매미들의 소리에
그 때 그날
월드컵 경기장의,
광화문과 시청앞 광장의,
우뢰와 같은 함성이
또다시 메아리쳐 오고
붉은 물결이
밀물처럼 밀려왔다.

아,
너와 나는

우리 모두는

붉은 악마였지

넘실대는 붉은 물결 속의

한 점

한 송이 꽃이었지.

2002. 8. 18.

별난 여름

올해는
여름이 오지도 않고
여름이 가버렸다.

항상 나를 피해다니던
수줍은 그미처럼
올 여름은 어디론가
비켜 가 버렸다.

줄곧
폭우만 쏟아지더니
어느덧 입추 처서도 지나고
새벽에는 한기를 느낀다.

올 여름은
폭우, 홍수, 산사태....
그리고
가끔은 짜증스러움이

콕콕 쪼아대기도 하는
별난 여름이었다.

월드컵이 끝나고서는.

얼굴 없는 사람

센과 치히로의 행방불명에서 처럼
얼굴 없는 사람과의 마주침에
나는 꽤 당혹스럽다

요사이 거리는
얼굴 없는 딱정벌레
혹은 엎어진 바가지들 천지다
어쩌다가도 우연히
이들과 마주치게 되면
어색하고 당혹스러워
얼른 고개를 돌려버리고 만다.

여러분,
얼굴 없는 사람과의 마주침
경험해 보셨나요
눈도, 코도, 입도 없는
단지 시커먼 벽과도 같은
그러한 것과의 조우

황당하고 당혹스럽지 않으셨나요?

더욱 어둡게
담을 쌓아가는
거리의 주인공들
그래서 더욱 그리워지는
6월의 개벽,

진한 썬팅을 한
자동차 떼가
오늘도 거리를
질주하고 있다

인재지변

감동은
성실함과
최선을 다함에 있나니
월드컵의 감격도
그 때문이었으리라

최선을 다함의 골짜기에
청량함과
생명의 실핏줄인
맑은 개울이 흐른다.

쉴새없이 줄기차게
쏟아지는 한여름의 폭우
이미 여름은
저 멀리 도망가고 있었다

다만
홍수, 산사태, ...만이

힘없는 여름을
휘젓고 있었다

더욱이
태만했던 지난날의 무책임은
바야흐로
그 대가를
톡톡히 요구하고 있었다.

천재지변에 자숙할 줄 아는
이 땅의 주인들도
인재지변에는 억장이 무너지고
기가 막혔다

폭우무게만큼이나
무거운 마음들이
호수로 변해버린 허허로운 들판을
방황하고 있었다.

여치와 베짱이

나의 어릴적 친구인
여치와 베짱이

풀무치나 메뚜기와는 달리
세련되고 우아한
풍모를 갖추고 있다.
풀무치와 메뚜기의 몽톡한
더듬이와는 다르게
낭창낭창하고 긴 안테나는
유연한 수양버들 가지처럼 하늘거리고
가벼운 모시적삼같은 날개는
금방이라도
푸르릉 비상할 것 같이
시원스럽다.

날렵한 몸매를 자랑하는
여치는
잘 다듬어진 수영 선수 같고

약간 동그스럼한 모양의
베짱이는
보동보동한 비너스를 닮았다.

기나긴 한 여름의
눈부신 태양아래서
여치는
벼를 살찌우는
뜨거운
광합성의
잔치에
쉼표도 별로 없는 그의
시원스러운 노래로 동참하고
베짱이는
더위를 식혀주고 꿈을 여는
초가을 밤의 콘서트에 참여하여
그의 독특하고 리드미칼한
단속음을 연주하면서

반딧불이의 사랑의 등불잔치에
기가 막힌 배경음악을 제공한다.

여치는
사람 냄새를 싫어하는지
인가에서 떨어진 야산에서
속세를 떠난 수도승처럼 은거하며
베짱이는
태양의 그림자가 짙게 깔리면
집안으로도 살갑게 밀고 들어오는
용감한 불청객이 되기도 한다.

나의 어릴적 친구인
여치와 베짱이
이제는 이들도 점점
멀어져 가고 있다.

눈쟁이

눈쟁이
송사리 눈쟁이
그리고 거머리

논두렁길
따라가다 보면
물꼬 있는 곳에
무수히 반짝이는 조그만 별들
눈쟁이들의 행진이다

눈이 커 눈쟁이라 했는데
위에서 보면 눈만 보인다.
시골 논두렁길을 걷다가
발을 멈추고
물끄러미 바라보곤 했던
풍경이었다

가끔 가장자리에

새카만

꼬불꼬불거리며 나아가는

지렁이 같은 것,

거머리는

좋아하는 물놀이를

방해하는

유일한 공포의 대상이었다.

그 눈쟁이들

지금은 보이질 않으니

도대체

어디에 숨었을꼬.

기름 종개

깨끗하고 동글동글한
자갈이
하얗고 눈부시게
깔려있는 강변
물가에는
깨끗한 모래밭이
맑은 물과
사이좋게 속삭이고 있고

미꾸라지 모양의
약간 투명해 보이는 물고기
기름 종개는
이렇듯
맑은 시냇물 가장자리
깨끗한 모래 위에서
볼 수 있었지
주로 옹기종기 모여
소담스러운 이야기를

나누고 있었겠지.

이제는

이 친구들도 모두

어디론가

떠나간지 오래된 것 같다.

시름바다

결실을 눈앞에 둔
희망과 풍요의
초록빛 바다

'루사' 지나간 뒤
절망과 좌절의
흙빛 바다

너무 기가 막혀
할말도 잃어버린
시름바다

아,
지금이야말로
그 힘
그때 그 힘
6월 개벽
그 힘

그것이

필요한 때이다.

2002. 9. 3.

---

* 루사 : 2002년 8월 하순경에 한반도를 강타한 강력한 태풍으로 영동지방과 남부지방의 피해가 컸다.
* 6월 개벽 : 온 국민이 하나가 되었던 월드컵의 감격을 김지하 시인은 6월 개벽이라고 하였다.

징거미

갈색을 하고
어른 손가락만한
길다란 집게를 가지고 있어
공포심을 자아냈던
민물 새우의 왕자.

죽은 듯이 있거나
슬슬 뒷걸음질치기 좋아하지만
유능한 축구선수같이
순발력이 좋아
조금만 다가가도
쏜살같이 달아난다
그것도 후진으로

한나절 몰아잡으면
큰 양푼으로 그득하여
볶기도 하고
튀기기도 하고

삶기도 하여
그 고소한 맛을
느긋이 즐길 수 있었다.

맑은 시냇가에서
자주 보던
민물새우
이름하여 징거미

지금은 어디론가
숨어들어
찾을 길이 없다.

도라지

지리한 여치 소리에
적적함만이 한층 녹아나는
땡볕 여름날

형과 함께
곡괭이 하나메고
산허리에 오르면

여기저기 눈에 띄던
산도라지
자줏빛 초롱꽃

캐고 또 캐고
광주리에 담고

산꼭대기는 아스라하고
아래는 실개천을
정겹게 드리웠던

꿈만 같던 산야

이제는

정말로

꿈이 되고 말았구나.

대추씨만한 행복

내가 때론
행복감을 느끼는 것은

이러한 것도
하나

내 시집을
보내고 싶고
또 보낼 수 있는
사람이 있다는
사실이다.

이러한 사람이
한 사람 더 생기면
나의 나무에는
대추씨만한
행복의 열매가
하나 더 열린다.

상쾌한 아침

아, 참으로 상쾌한 아침이다.
하늘은 높고 푸르고....
마냥
걷고 싶다
어디든지

그렇게 진저리치고
변덕스러웠던
여름날씨는
이제는 철면피의 얼굴을 하고
청량함으로 서 있다.

절제없는
제 몸부림으로
폐허가 된 산야의
사람들의
상처와 고통은
몰라라 한 채.

지금은

세겹살의 석쇠 한판의 여유도

먼 꿈이 되었구나.

들 풀

오늘도 하루를
뭔가 읽으면서 보냈다.
이것은 낮게 엎드려 있는
풀로 있기 위해서 임을.

그러다가도
기회가 있으면
청초한 꽃 하나 피워 놓고
일부러 찾지는 않더라도
우연히라도 지나치는 이들에게
상긋한 즐거움을 줄 수 있으면
그것만으로도 이미
보람이 될 수 있는,
낮게 엎드려있는
풀로 있기 위해서임을.

추 석 I

부대끼던 환자로부터
약간 여유로워지면
문득 느껴지는 추석분위기
수재민의 아픔을 감싸고
올 해도 어김없이 추석은 오는구나
모두들 희망의 보따리를 들고
어디론가 떠나가고
내시경실도 그들따라
환하게 넓게 열린다
올 추석은 달이 없고 비가 온다고 하던데
풍요로운 수확의 계절에
무거운 절망만을 등에 업은
영동, 남녘 사람들
(태풍 루사에게 한반도는 안중에도 없었다.)
그리고 한껏 더 빠져드는 도시의 향수병
삼천만의 민족대이동이 이미 시작되었단다
삽살개 모양의 하얀 구름 밑에
북한산은 더욱 적적하고

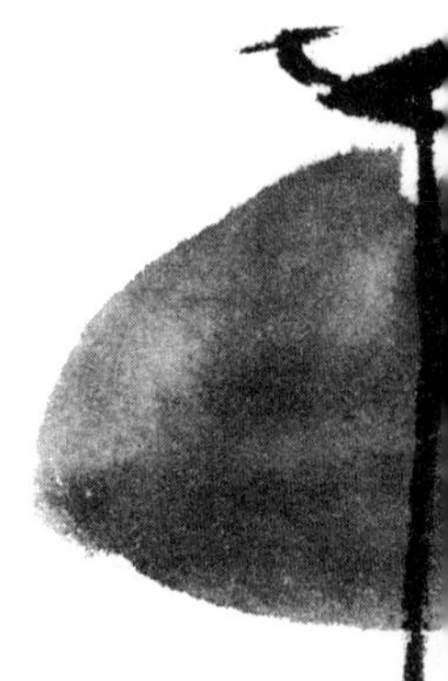

저 언덕밑 열심히 땅을 파던 굴삭기는
잠자코 서 있다.

2002. 9. 19.

추석 II

스산한 추석 기운에
밀려난
거리의 자동차들

신호등만이
몇몇 남은 차들을
통제하고
사람들은 적적함 속에서
노스탤지어를 꿈꾼다.

빨간꿈,
노란꿈,
파란꿈.

어느 일요일 아침

가을비 흩뿌리고 간
일요일
이른 아침 거리

거리는 축축이 젖어 있고
버스에서 내린 나는
횡단보도를 향해 걸어간다

어제 밤에는
천둥소리에 잠깐 잠이 깼었지

신호등 옆에
등산복 차림의 중년부부가
서 있고 비 엠 더블유
회색빛 두어 대
지치듯이 지나간다.

굳은 소리

내키지 않는 대답, 대꾸를
마지못해 흘리면서
재미없는
답답한 매너리즘을 생각한다.

울림 없는
딱딱하고 굳은 소리란
얼마나 괴로운 것이냐

아, 아, 사랑하는 사람들이여
이 속마음을 쥐어뜯고 있는
답답함을
그대들은 아느냐

조용하고
태연하고
초연함을 가장하면서….

의미의 꽃

세상에 태어난 것만으로도
은혜임을 깨닫고

시(詩)사전에 이름 석자 올라 있는 것만으로도
영광임을 알고

여기저기 학술지에 이름 석자 실려 있는 것만으로도
존재가치가 의미의 꽃을 피우고 있음을
깨달으며

오늘도
값이 있는 하루가 되고자
다짐해 본다.

짠 눈물 한 방울

막내딸이
드디어
대학에 합격했다

두 모녀는
기쁨의 눈물을
흩뿌리며 삼키며
감격해 했단다.

이 뿌듯함에 눌려
짠 눈물
한 방울
쑥스럽게
내 속눈썹에도 걸렸다.

2002. 10.

백양사의 가을

어설픈 가을 빛
단풍나무는 아직도 푸른데
불꽃,
주황색 감들이 여기저기
오지게 달려 있어
풋 가을을
살짝 달구어 놓았다.

* 백양사 : 전라남도 장성군에 있는 유명한 사찰.

보비에 부치는 노래

우리 내시경실 보비는
전원 스위치를 올리면
두 소리를 내고선
작동한다.
도, 미, (.....)
아쉬움을 메우기 위하여
나는
솔, 도,
도, 솔, 미, 도, 라고
이어서 노래한다.

---

* 보비 : 수술실에서 사용하는 전기치료기의 일종.

가을 은행잎 · I

어제보다도
오늘이 더욱 노란
창 밖의 은행잎

그래서
이제는
연둣빛이런가

그건
처음 눈틔울때의
색깔

어린 시절이 그리워
고향이라도 스치고 싶은
애틋한 마음

싸늘한 바람 따라
노란 물결이

밀려오고 있다.

가을 은행잎 · II

노란 물결이
숨가쁘게 밀려온다

육중한 무게를 담고
숨막히게 달려온다

머지 않아
노란 바다에 빠질 것 같다

아,
이 농염스럽게 익어가는
가을의 무게를
어떻게 감당할까나

소슬한 바람따라
노란 물결이
밀려온다.

딱정벌레

교회 첨탑이
한가운데를 가르며 솟아있는
커다란 창밖 언덕길
스산한 날씨에
나무들이 떨고 있고
사람들은 부산히 걸어가는데
딱정벌레,
속을 알 수 없는
딱정벌레들이
도로 한가운데를 기어가고 있다
보금자리를 향해
동면할 곳을 찾아

썬팅이 너무 진하다

감격의 포옹

박지성이 달려간다
히딩크 감독의 품에 뛰어 들어
감격의 포옹을 한다.

찡한 감동이 밀려오고
나의 눈에
이슬이 맺힌다.

아, 참 아름답다

순수함의 꽃이
이처럼 청초할 수가 있을까,

화려한 골 세리머니를 압도하는
문득
들꽃처럼
환하게 터지는
감동의 순간

2002. 6.

영원의 환희

나는 어느덧
'붉은 악마'가 되어
열광을 하는
거대한 생명체의
한 점이 되었다.

모든 것을 넘어서
하나되는 축제에
나도 그 일부의
살아 숨쉬는
세포가 되었다.

하나됨의 감격과 흥분은
오, 하늘을 찌르는
메타스퀘이어의 신비로움.

우주를 향해 날아가는
로켓트처럼

무한을 향해 용트림치는
가능성의 폭발.

그 순간,

목이 터져라 외쳐대는
함성 속에 파묻혀
영원의 환희를
가른다.

2002. 6.

대~한 민 국

난리가 났단다
그 날 밤
정말 난리가 났었지
즐거운 난리가,

모든 사람이 하나가 되고
모든 거리는
환호와 기쁨의 소용돌이 속에
파묻혔었지

사람들은
거리로 뛰쳐나오고
거리는
붉은 파도가 넘실거렸지

기미년 그 날이 이리하였을까,
그 때 8월 15일이 이리하였을까,

분열이 타들어가고

산화하며

새하얀 빛을 낸다.

오!

대~한 민 국

화합과 하나됨의 축제가

이 이상 기쁠 수가 있으랴.

2002. 6.

미완성 교향곡

코리아가
4강전에서
분패하던
날.

가슴 졸이며
떨었던
날.

아쉬움의
눈물을
훔쳐내던
날.

생명 현상이
잠시
그 임무를 망각한
찰나의 침묵속에서

새로운 별이
솟아오르고 있음을
보았습니다.

그리고
또 하나의 미완성 교향곡이
폭죽처럼 터지고 있음을
보았습니다.

새로운
미완성 교향곡의
신비로운 탄생의 순간을
엿보는 순간이었습니다.
그리고 그것이
지고한 아름다운 곡으로
승화될 수 밖에 없다는 것도
깨달았습니다.

그것은

모든 우리 국민들의

하나됨의 축제이었기

때문이었습니다.

아, 코리아여,

다시 태어나고 있는

코리아여,

아,

우리 사랑

코리아여!!

2002. 6.

아름다운 축제 · I

당김음의 힘찬 리듬을
타고 흐르는
거대한 붉은 물결,
나도 한 방울의 붉은 물방울로
부서졌다.

축구 문외한이었던 내가
월드컵 축구에
그렇게 열광하고
웃고 울었던 것은
축구를 통해 샘솟는
숨어 있는 저력과
하나됨의 꿈이
타오르고 있음을
보았기 때문이었다.

정말, 그렇게 신명나고
즐거웠던 날이

언제라도 있었던가

아직도 마음 한켠에
아쉬움이 남아 있음은
우리들의 아름다운 축제가
또 그리워지기 때문이다.

아, 나는 아직도
그 뜨거운 축제 속에서
열광하고 있다
대~한민국을 외치고 있다
기쁨과 아쉬움의 눈물이
그칠 줄을 모른다
그 날은
모두가 하나였다
옆의 외국인들도 하나였다
신명나는
한판

축제만이 있었다.

2002. 7.

아름다운 축제 · II

함께
대~한 민국을 외치고
오 필승 코리아를 부르고
이방인도 모두
우리가 되었다

웃고 울면서
외쳐대던 함성속에
지구촌이 꿈틀거리고
삶이 새롭게 움직였다

최선을 다함에
후회가 없었고
승자와 패자
모두
승리자가 되었다.

축제,

정녕

축제는 이렇게 생겨나는구나

이것이 바로

축제로구나.

2002. 7.

행복한 순간

본선 마지막 경기,

포르투갈을 밀어내고
16강 진출이 확정되던 날

거리에서 우연히 마주친
비틀거리던 아저씨

기분 좋게 한잔 하셨군
생각했는데

우리를 보고
대~한 민국이라고 외쳤다
우리는
싱코페이션 박자를 치며
화답했다

짝 짜악 짝 짝, 짝,

그 아저씨는

엄지손가락을 치켜들며

행복한 미소를 지으며 멀어져갔다.

그 아저씨의 행복이

우리의 행복이 되는

순간이었다.

아,

대~한 민국

우리의 사랑

대~한 민국.

2002. 7.

차(茶)의 향기

선암사 골짜기에
지허스님 손을 타고
오랜 전통을
소리 없이 일궈내며
세상을 타지 않는
그 맛을 지켜
그윽함 속에서
진실의 미소를
환하게 그려내니
수천 년 간직해온
역사의 비밀들이
따스한 자기잔에
향기로 우러나와
태고적 아름다움을
정겹게 토해낸다.

2002. 11.

---

* 선암사 : 전라남도 순천시 승주읍에 있는 유명한 사찰로 주지인 지허스님이 한국 전통 자생차의 다맥을 이어가고 있다.

바보스러운 고백

상심해 있을 때
내심 바라는 건
위로의 말 한마디

잘못 또는 실수를 했을 때
내심 바라는 건
사과의 말 한마디

은혜를 입었을 때
내심 바라는 건
감사의 말 한마디

서먹서먹한 순간에
내심 기대하는 것은
화해의 말 한마디임을

바보스럽게도 고백하고
싶어진다.

크리스마스 증후군

크리스마스가 다가올 때에는
여러 가지 독특한 기분과 상념이
포근한 눈발처럼 날리고
나도 소년이 된다.
그리고 그것이
크리스마스 증후군임을
깨닫는다.

크리스마스가 가까와 오면
나는 항상 그 병을 앓는다.

수많은 색실이
헝클어져 있듯이,
시청 로타리의 야경을
느린 속도로 찍은
어느 사진작가의 사진작품처럼
만감이 교차 한다.

그리고

은은한 계절의 노래를

하염없이 부르고 싶어진다

화해의 가슴앓이를

다독이면서

나는 올해도

여지없이

크리스마스 증후군에 시달린다.

처절함도 없이

꿈꾸듯이
시간이 흐른다
꿈꾸듯이
날이 간다
꿈꾸듯이
달이 바뀌고
꿈꾸듯이
해도 바뀐다

운전 중 교통체증으로 막혀
걷는 사람과 자동차가 앞서거니 뒷서거니 할 때
무겁게 밀려오는 졸음의 악마와의
처절한 싸움

그러한 처절함도 없이.

희망의 마주침

아들 같은 아이들을 보면
파릇파릇한
참신한 느낌이
마음의 카메라에
찰칵
찍힌다,
가벼운 충격음과 함께.

아, 저 희망을 길러내는 것은
얼마나 보람찬 일이냐

선생님,
선생님은 얼마나 뿌듯한
행복감을 느끼시나요.
우리 사회의 일꾼을
길러내시는
위대하고 보람찬 일을
하셨으니.

훌륭하신 정원사이신
선생님을 생각하는 것 만으로도
삶의 의미가
파릇파릇
돋아나는 것 같습니다.

짤막한 쉼표와도 같은
때로는
스포르짜토와도 같은
산뜻한 충격파가 스쳐 지나가는
짧은 마주침.

피아노포르테

떠난 듯 돌아오고
잊은 듯 다가오며
추억의 오솔길을
꿈꾸듯이 헤쳐나가는
숨은 듯이 살아 숨쉬는
피아노포르테

간간히 밀려오는
처절함에 애태우고
소외된 한시절의
안타까움을 다독이며
무거운 몸뚱아리
졸리운 듯 기지개를 켠다.

---

* 피아노포르테 : 피아노의 옛 이름.

金炫植의 第三詩集 〈그래도 아직 내게는〉에 붙여

청순한 영혼의 목소리

靑石 朱基運
시인

삼십년 세월이 강물처럼 흘러갔습니다! 졸업하면서 우리 삼십년 후에 다시 만나자 약속한 그 삼십년이, 그때 담임이었던 나와 급우들이 함께 만나자던 바로 그날이 온 것입니다. 지금 知天名(지천명)의 저들보다 한참 젊었던 나도 어느 새 七旬(칠순)이 넘었고……

몇 일 전부터 그 때의 앨범장 속의 모습을 짚어보면서 감감한 이름을 외며 외며 기다렸는데……

아, 삼십년이 얼마나 무서운 세월인지, 그것은 山疊疊(산첩첩), 물 重重(중중) 그냥 걸어서는 차마 못 갈 천리길 만리길이었습니다. 그것은 장대한 바람과 파도였습니다.

산 넘고 물건너 그래도 스물 아홉 명이 모였습니다. 모두 예순 세 명이었는데, 벌써 이승을 떠난 친구가 넷이나 되고, 아주 외국으로 나가 사는 친구가 다섯이었습니다. 그래도 반수는 넘어 모인 것입니다.

오 헨리(O. Henry)의 <이십년후>보다 십년이나 더 긴 약속을 지킨 사내들, '선생님'하고 부르고는 그만 목이 메어 눈물이 글썽이더니,

안경을 벗고 손수건으로 눈물을 훔친 그 녀석은 소문난 외과의사였습니다.

저마다의 사연들, 말은 없어도 서로들 손에 손을 맞잡고 마주보는 눈과 가슴에는 자욱이 感慨(감개)의 안개비가 내리고 있었습니다.

다들 엎드려 큰 절을 하고 '선생님, 오래 오래 사십시오' 그리고는 반장이 獻壽(헌수)의 잔을 바쳤습니다. 꽃다발도 내 말투가 새겨진 감사패도 받았습니다. 오냐, 오냐, 끄덕이며 바라보는 저들은 말로만 듣던 여남은 평 남짓의 青蓮(청련)의 꽃밭으로 피어나고 있었습니다. 연잎에 구르는 물방울인양 가슴 속 깊이 눈물이 구을고 문득 香雲(향운)이 일렁이는 듯 했습니다.

부여니 안개 낀 세월의 저 너머에 다시금 피어나는 저들의 얼굴 얼굴을 보면서—, 지난 날 나는 저들에게 도대체 무엇을 주었던가, 돌이켜 생각할수록 부끄럽기만 하구나, 촉촉이 내리는 봄비였으면 대지를 일깨우는 봄비였으면, 보리밭 고랑을 출렁이며 오는 마파람이었으면, 가을날 과수원의 마지막 한 모금의 햇볕이었으면, 그러나 그저 애가 타는 바람 뿐이었습니다. 그리고 나는 늘 빈 손이었습니다. 다만 지금도 고향마을을 감돌아 흐르는 그 개울물 같은 한 줄기 그리움 밖에는 준 것이 아무 것도 없었습니다.

그런데, 다들 무엇이 되어 돌아온 것입니다. 그렇습니다. 1971년 2월 11일 마지막 헤어지는 날 어쨌든 '사나이'가 되라고— 의롭고, 사색하고, 결단하는— 우리 級訓(급훈)처럼 '멋진 사나이'가 되라고, 그리고는 다들 몸조심하고 부디 장수하라고 祝言(축언)하는 것이 다였습니다.

그런데, 다들 이렇듯 모인 것입니다. 약속을 안 잊고 모인 스물 아홉 명의 사내들, 부득이 못 온 친구들의 안부와 소식을 물으며 꿈같은 하룻밤이 지나갔습니다.—

"아야, 느그들아 내 마음 알 것지야……"

<삼십년후>라는 내 산문시의 거의 다입니다. 그들이 바친 장엄한 獻詩(헌시) 앞에서 나는 가슴 벅찬 기쁨과 감격을 다만 신께 감사할 뿐이었습니다. 1971년 봄에 교문을 나선 光州第一高等學校(광주제일고등학교) 46회 3학년 4반의 급우들, 그 속에 눈물을 글썽이며 잠시 말을 잃던 녀석이 바로 김현식군이었습니다. 지난 해 그가 보내준 두 권의 시집 <눈이 부신 날>과 <늦가을 소나기>를 잇달아 읽으면서, 그가 詩(시)를 쓰리라고는 도무지 생각 밖이어서 한동안 생각에 잠겼습니다. 그 해맑은 얼굴의 소년, 여리고 늘 수줍게 웃던 모습이 떠올랐습니다. 그러고 보니 이따금 생각에 잠긴 듯한 눈빛으로 창밖을 멀리 바라보곤 하던 말수가 없던 얼굴이 다시 떠올랐습니다. 오로지 좋은 대학을 향한 熾烈(치열)한 입시경쟁의 대열, 그 속에서 어쨌든 의과대학엘 간 그가 시를 쓰리라고는 거듭 뜻밖이었습니다. 일찍이 서울로 가버린 그를 만날 수도 없었고 하니 더욱 소식이 깜깜했습니다.

그런데 어찌하여 나는 여기서 옛날에 옛날에 읽었던 저 도스또예프스키의 <카라마조프 형제> 13편 에필로그의 마지막 부분 일류샤의 장례식에 모인 소년들을 향해서 한 알료샤의 말이 저절로 생각나는 것인지 모를 일입니다. 참으로 이상한 일입니다. 조금은 장황하지만 옮겨 봅니다.

"애들아, 여기 이 자리에서 너희들한테 한 마디 말하고 싶은 게 있다."

소년들은 둘러서서 그에게 기대하는 시선을 집중시켰다.

"나는 곧 이곳을 떠나야겠어. 아마 오랫동안 떠나 있을지 몰라. 그래서 우리들은 헤어져야 해. 우리는 여기 일류샤의 돌 옆에서 일류샤를 절대로 잊지 않기를, 서로서로 잊지 않기로 약속하자. 그리고 장차 우리가 사는 동안 무슨 일이 일어나든지 앞으로 20년 동안 서로 만나지 못하더라도 우리가 불쌍한 친구를 묻은 것을 늘 생각하자. 걔는 훌륭하고 맘씨 좋고 용감한 아이였어. 그러니까 첫째로 우리는 그 애를 잊지 말자. 일생 동안, 그러나 너희는 어쨌든 내 말을 기억하고 때로는 내 말이 옳다고 그럴거다. 장차 살아갈 때, 어떤 좋은 친구, 특히 어렸을 때와 집의 추억보다 더 튼튼하고 좋은 것은 없다는 걸 알아야 해. 어른들은 너희 교육에 대해서 많이 말하지만 어릴 적부터 지내온 좋고 거룩한 추억이 아마 제일 좋은 추억이 될거야. 그런 추억을 많이 가지고 사는 사람은 일생이 다하도록까지 안전히 살 수 있어. 또 마음 속에 좋은 추억이 단 한 가지만이 남아 있대도 그것이 장차 우리를 구원하는 것이 될거야. 그 추억이 자기를 커다란 악에 빠지지 않게 해 줄거야."

"그럴 거예요, 알겠습니다. 카라마죠프 알료샤님!"

콜랴가 눈을 반짝이며 소리쳤다. 소년들도 흥분하여 무슨 말을 하려고 했으나 억제하고 열심과 감동을 품고 말하는 사람을 바라보았다.

"이건 우리가 나쁜 사람이 되었을 때의 얘기다."

알료샤는 계속하였다.

"그러나 하필 우리가 나쁜 사람이 된다는 이유는 없어. 음, 안 그런가? 우리는 첫째로 무엇보다도 친절하고 다음으로 정직하고 또 서로서로 절대로 잊지 말자!"

그는 그 말을 다시 한 번 말한다.

"우선 너희 중의 하나도 잊지 않겠다고 약속하자. 지금 나를 바라보고 있는 모든 얼굴들을 30년이 지나도 잊지 않겠다고 약속하자. 너희는 모두 귀하다. 오늘부터 죽 내 마음에는 너희 전부를 위한 자리가 있다. 너희 마음 속에도 나를 위해서 자리를 마련해 주기 바란다! 자, 우리가 잊지 않고 일생 동안 기억하려는 이 친절하고 좋은 마음 속에 우리를 화합하게 해주는 사람이 누구니? 그건 일류샤가 아니고 누구겠니! 그 좋은 친구, 그 귀여운 친구 영원히 우리에게 귀한 친구, 우리 절대로 그 애를 잊지 말자, 지금부터 영원히 그 애의 추억이 우리 맘속에 살기를 바란다."

"네, 네, 영원히, 영원히"

소년들은 쨍쨍 울리는 목소리로 소리쳤다.

"아, 애들아, 귀여운 친구들아, 인생을 무서워 말라! 우리가 좋고 올바른 일을 할 때에 인생은 참으로 얼마나 아름다우랴."

"아, 그러면 얼마나 좋을까!"

탄성이 콜랴의 입에서 저절로 튀어 나왔다.

이 감동적인 장면을 읽고 북받힌 순수한 감동을 읊은 <영구히>라는 시가 함께 떠오릅니다.

영구히 그렇게 가십시다!

한 평생 손을 맞잡고 가십시다!
그 카라마죠프 형제의 끝 부분의
콜랴의 이 말을 읽었을 때
나는 참으로 진실을 느꼈다
설령 나쁜 사람이 되었어도
좋은 사람으로 성장했어도
서로가 이렇게 노닐던 소년 시절을 잊지 않고
다만 이것만은 잊지 않고 있자고
모든 소년들이 맹세하는 대목에서
나는 이것 저것 다 잊고 되풀이해 읽었다
영구히 그렇게 가십시다!
한 평생 손을 맞잡고 가십시다!
이 말에 거짓은 없다
진실만이 끓어오르고 있다

이것은 <카라마죠프 형제>의 장남 드미트리와 차남 이반 그리고 아버지 표돌 사이의 반목과 葛藤(갈등), 욕정과 증오심을 다 떨쳐버리고, 의롭고 선하게 살자고 다짐하는 絶叫(절규)에 가까운 三男(삼남) 알료샤의 목소리라 할 것입니다. 이것은 다시 세상의 어둠과 악과 怨念(원념)을 씻어 내리는 맑은 개울물 같은 알료샤의 영혼의 목소리라 할 것입니다. 어쩌면 <죄와 벌>에서의 쏘오냐의 맑고 푸른 눈동자의 속죄와 구원의 눈빛 같구나 싶어 나도 가슴에 사무쳤던 것을 상기하면서, 30년만에 만난 옛 스승을 바라보며 嗚咽(오열)을 삼키던 현식군의 눈물이 어쩌면 지금껏 시를 쓰게 하는 것인지도 모른다는 생각에 다다랐습니다. 그것은 아무리 세월이 지나도, 나라를 달리 해도 저 알료샤의 청순한 영혼의 목소리는 사람들의 가슴에 메아리 칠 것입니다. 그리고 새로워질 것입니다. 앞의 시 <영구히>를 읊은 이웃 나라의 시인 무로사이세이(室生犀星) 역시 그랬을 것입니다.

시는 감동에서 시작해서 감동에서 끝나는 것입니다. 그리고 그 감동의 극치는 말의 침묵이요, 금가지 않은 한 방울의 눈물인지도 모릅니다. 지난 성탄 전야에 베푼 병원사람들의 모임에서 <월광소나타>의 전 악장을 연주하노라 애먹었습니다. 선생님, 하던 그의 말을 들으면서 열심히 피아노를 치던 어린 시절의 꿈이 그 정신없는 입시지옥의 소용돌이에서도 용케도 살아 있었구나, 그것은 무엇으로도 어찌할 수 없었구나 싶었습니다. 그나저나 그의 시에는 현대시에서 한창 일컬어지는, 이미지가 우리의 가슴을 서늘케 한다든지 그렇지는 않습니다. 따라서 함께 말해지는 比喩(비유)나 상상력의 날개도 멀리 높게 飛翔(비상)하고 있구나 싶지도 않습니다. 그리고, 무슨 인생의 諷刺(풍자)나 비평의 비늘들이 번득인다든지, 철학적인 사념의 무게에 잠시 걸음을 멈춘다든지, 그렇지도 않습니다. 어쩌면 童詩(동시)를 읽는 듯한 느낌으로 나는 그의 시들을 읽어 갔습니다. 요즈음은 동시도 옛날 같지가 않아 차츰 어려워져서 일반 시와 다를 바가 없는 듯합니다. 이것은 굳이 동시는 아무나 쉽고 일반 시는 어렵다는 말만은 아닙니다. 도리어 어른이 동시를 쓴다는 게 참으로 얼마나 어려운 것일까 하고 늘 그런 생각을 해 온 사람입니다. 그야말로 天眞無垢(천진무구) 그대로

때묻지 않은 맑은 어린이의 눈빛 같은 심정을 안 지니고서는 어찌 동시나 동화를 쓸 수 있단 말인가, 하는 것입니다. 「詩三百一言以蔽之曰思無邪라」 이 공자의 말은 응당 詩心(시심)의 바탕을 이르는 말이지만, 그대로 동시에 보다 잘 어울리는 말이 아닐까 하는 생각을 하곤 했습니다.

지난 여름 뜨겁던 6월의 월드컵의 喊聲(함성)이 파도처럼 海溢(해일)처럼 우리 강산을 뒤덮던 그 기적같은 나날 속에 '선생님! 저도 「붉은 악마」의 일원이었습니다'라고, 싱긋이 웃으면서 스스럼없이 말하는 그를 보면서, 서울 S병원 부원장인 그가, 쉰 살이 다 된 그가, 'Be the Reds!'의 붉은 셔츠를 입고, 광화문 앞이나 시청 앞 광장의 인파 속에 섞여 있었구나 생각하니 나도 모르게 微笑(미소)가 피어났습니다. 그래, 그래, 무슨 체면이나 허세나 명예니 공명심 따위 이른 바 타산 같은 것은 아예 없었습니다. 그래서 <카라마죠프 형제>의 알료샤의 열심과 감동어린 장면이 무로사이세이의 시와 함께 淸酒(청주), 웃국같이 떠오른 까닭인지도 모릅니다. 순수하고 선한 사람이라고 반드시 좋은 시를 쓰는 것은 아닙니다. 그렇다고 우리를 더러 놀라게 하는 시를 썼다고 해서 그가 사람다운 사람인가에 대해서는 할 말이 없습니다. 그러나 시를 안쓰고 못 쓰더라도 차라리 전자이고 싶습니다만.

김현식군의 시가 딜레탕트라 해도 아마추어의 素人(소인)언어라 해도 좋습니다. 그는 아랑곳 없이 이내 쓸 것입니다. 한길을 가면서 호사스런 빛깔과 향기를 내뿜는 시인이 아니고, 호젓한 뒤안길에 이름 모를 풀꽃처럼 피어있는 시인이면 어쩌랴. <대추씨만한 행복>에서 그는 이렇게 읊었습니다.

내가 때론
행복감을 느끼는 것은

이러한 것도
하나
내 시집을
보내고 싶고
또 보낼 수 있는
사람이 있다는
사실이다

이러한 사람이
한 사람 더 생기면
나의 나무에는
대추씨만한
행복의 열매가
하나 더 열린다

그는 또 <들풀>에서

오늘도 하루를

뭔가 읽으면서 보냈다
이것은 낮게 엎드려 있는
풀로 있기 위해서임을

그러다가도
기회가 있으면
청초한 꽃 하나 피워 놓고
일부러 찾지는 않더라도
우연히라도 지나치는 이들에게
상긋한 즐거움을 줄 수 있으면
그것만으로도 이미
보람이 될 수 있는
낮게 엎드려 있는
풀로 있기 위해서임을

그는 목이 마를 때 한 모금의 물을 마시듯이, 산길을 오르다 바위틈 옹달샘에서 두 손바닥으로 한 움큼의 물을 떠서 목을 축이듯이, 무슨 꾸밈도 특별한 몸짓도 없습니다. 謙虛(겸허)하게 내 시를 누군가 한 사람이라도 더 읽어준다면, 그것이 기쁨이요 행복이라 했습니다. 여기서는 시의 형식이나 내용이 어떻고 또 수사적 기교나 주제의식이 어떻고 할 것이 없는 소박함 그대로입니다. 그는 풀꽃 같은 자잘한 행복을 謙遜(겸손)하게 삶의 신변에서 모으고 있는 것입니다. 그것이 그의 시편들입니다. 큰 행복이란 그리 흔한 것이 아닙니다. 자잘한 행복을 모으노라면 뜻하지 않는 큰 행복이 될 것입니다. 나는 그럴 것이라고 생각하면서 이번 시집의 이름이기도 한 <그래도 아직 내게는>을 읽어봅니다.

친구의 메일을 받고
반갑고 기뻐서
읽고 또 읽는다

가슴 뭉클한
어릴 적 추억들이
사진첩처럼 다가오고
그것은 노곤한
한 하루의 틈새에서
솟아나오는
맑은 샘물이 된다

질기고 투박하던
검정 타이어 고무신을 신고 돌아다니던
순진한 시절로 돌아가
행복했던 순간을 비집고 돌아다니다
뭉클한 전율이 흐르는
벅찬 감격에 부닥뜨린다
—그래도 아직 내게는
꿈이 있단다—

바로 이 한마디,

아, 늙지 않는, 바래지 않는

이 바보 같은 아름다움이여

순수함이여

그는 여기서 참말로 시인이 된 것 같습니다. 스스로의 기쁨과 행복을 바라보는 꿈, 늙지 않는, 바래지 않는, 바보 같은 아름다움이야말로 시의 꽃인 것입니다.

거듭거듭 말하지만 나는 그가 빛나는 이름의 시인이 아니어도 좋습니다. 문학사에 뚜렷한 발자취를 남기는 그런 詩業(시업)이 아니어도 좋습니다. 타고난 분수대로 최선을 다해 병든 사람들을 고쳐 주듯이, 아무 것도 바라지 않는 순수한 생각의 틈새에서 솟아나는 샘물같이 누군가의 영혼의 목마름을 적셔 주었으면 합니다. 그리하여, 어느 高僧(고승)의 <照于一隅(조우일우)>라는 글귀처럼

구석진 한 모퉁이라도 비추며

나는 살고 싶다

내가 맡은 이 구석이

비록 하잘 것 없고 초라하고 덧없을지라도

기죽지 말고 비뚜러지지 말고

언제나 은은하게 비추며 살고 싶다

그러나 이 한 구석지야 말로 마침내 우주로 통하는 길인지도 모릅니

다. 그는 문단의 시인들이 대수롭지 않게 생각하는 시를 쓰고 있을지라도 그는 이미 시작을 버릴 수 없을 것입니다. 만약에 시를 놓아버리면 어쩌면 멀리 저무는 잿등에서 하나 둘 켜지는 고향 마을의 등불을 바라보는 것 같은 그 기쁨을 잃어버리게 될 것입니다.

그러면 어느 날 행복의 등불이 꺼져버린 슬픔을 깨달으면서 공연히 빈 호주머니를 더듬거리며 서성거릴 것입니다. 시인이란 이름이, 빛나는 보석같이 대접받는 나라가 아닐지라도 함께 시를 쓰는 기쁨을 누리는 우리 師弟間(사제간)의 인연의 깊이에 감사하며 붓을 놓습니다.

2003년 6월 15일

寒水洞 골짜기에서

그래도 아직 내게는

인쇄일 초판 1쇄 2003년 08월 10일
2쇄 2015년 08월 15일
발행일 초판 1쇄 2003년 08월 20일
2쇄 2015년 08월 25일

지은이 김현식 / **발행인** 정진이 / **발행처** **새미** / **등록일** 1987.12.21, 제17-270호

서울시 강동구 성내동 447-11 현영빌딩 2층 / Tel : 442-4623~4 Fax : 442-4625
www.kookhak.co.kr / E-mail : kookhak2001@hanmail.net
ISBN 978-89-5628-068-4 03600

가 격 6,000원

* **새미**는 국학자료원의 자매회사입니다.